Círculo Rojo

MICTAM

Mictam

William Alva Sánchez

Círculo Rojo
EDITORIAL

Primera edición: abril 2024

ISBN: 978-84-1073-145-5
Impresión y encuadernación: Editorial Círculo Rojo

© Del texto: William Alva Sánchez
© Maquetación y diseño: Equipo de Editorial Círculo Rojo

Editorial Círculo Rojo
www.editorialcirculorojo.com
info@editorialcirculorojo.com

Impreso en España - Printed in Spain

A Gaudi, mi amada madre

El lamento del pródigo

Yo era un rey que tenía un reino
y ahora aquí estoy,
vivía entre manjares y dulces de color,
brillaban como mis dientes
en el deleite de la vida.

Y aquí estoy, entre los cerdos,
deseando lo que ellos comen,
ansiando lo que ellos ansían,
aullando de dolor,
sin rabia.

Yo era un príncipe muy amado,
amado de mis padres,
de mi padre,
que me vio partir, y su corazón
yo era muy amado.

No había tinieblas en mi casa,
había sonrisas en el campo,
de los frutos más buenos comía,
de lo separado comía,
de lo bueno.

Yo era un hombre que miraba el cielo
apreciaba ciencias y artes,
y en el aprecio me fui yendo
hacia un camino distante, distinto,
enamorado de los vacíos.

Y aquí estoy, en el charco,
comiendo entre los cerdos,
llenos de grasa, llenos de barro,
de pieles y fanfarria del mundo,
se revuelcan en miserias,
aúllo de dolor.

¿Cómo estará mi padre?
Con su sonrisa tan noble,
con sus manos bondadosas,
siempre me asía noble y me amaba.
¿Querrá verme?
¿Se habrá olvidado de mí?
Si vuelvo, ¿querrá verme?
Sucio, ¿querrá verme?
Cómo extraño sus abrazos cálidos.

Aúllo como un perro en el día del dolor,
con lágrimas lo extraño,
con palabras de amor lo extraño,
desde este sucio charco,
con los pies en la boca del abismo.

Y ahora está este sol,
me recuerda cuando estábamos juntos,
allí todos, disfrutando de la dicha,
del deleite de estar juntos,
y a mi madre estar feliz con él.
Y estoy tan lejos, a millas de distancia,
paciendo con cerdos,
extrañando, mirando hacia arriba
si llega un mensaje
con las buenas noticias de su amor.

Creo que volveré,
todos me veían entre cerdos
como uno de ellos, me veía
entre ellos confundido,
hasta casi saben bien esas algarrobas,
y allá todos comían bien,
hasta el sirviente.

Mi padre a lo lejos me vio
y tenía mi discurso,
tenía mi poema de dolor,
aullé,
pequé contra ti y contra el cielo,
casi ni me dejó hablar,
me besó y me abrazó mucho,
no me dejó respirar.
«Trabajaré como tu jornalero»,
le dije decidido,
y llamó a sus sirvientes
y me pusieron vestido elegante,
yo no sabía por qué,
si era pecador, mi hermano lo sabía.

Mi hermano el mayor escuchó
que su padre hizo fiesta y se alegró,
molesto prorrumpió;
«Padre —le dijo—,
si estuve siempre contigo a tu lado,
¿cómo le das a este que se fue al mundo,
gastó en errores y en prostitutas?».

«Hijo mío —le dijo—,
todo esto es tuyo, todo lo mío,
todo,
tu hermano estaba muerto
y ahora el chiquito está con nosotros,
ha vuelto a casa».

Bridas

Quizá pronto estemos contigo, Elohim,
tú eres creador del todo,
no hemos sabido apreciar
aquellas cosas buenas,
que son como lirios silvestres
aplastados por imberbes.

Reemplazan las gracias
por golpes, entonando el martillo
ni dejan pasar ni vivir,
agresivos ultrajan al inocente,
tienen demonios como ayos,
permutan hiel por miel,
atribulados están mis labios
de no proclamarte alto
como es debido, rey mío.

Perdona a esos perseverantes
en el bien y te clamen Adón;
pero salieron muchos de nosotros
para complicar el camino
y claman a conveniencia suya,
llevan potentes dones
dados para ayudar
a esos paralíticos,
pero no hacen el bien,
sino el daño y el suspenso.

Invierten todo lo que tocan,
alteran leyes a conveniencia, oh,
imaginan ser torcidos y eternos,
como haces de oscuridad
espesando paisajes,
alistan la red para pescar,
asegurando lo visto en profecías.

No hacen lo bueno,
sino que lo malo hacen;
al norte, al sur, al este y oeste, hijos de Anak,
contra el cielo creen poder,
desmenuzados queden Adón
con la intensidad con que aplastan,
desprecian y menosprecian
con doctrinas de demonios.

Les han dicho del mal hecho
que hacen en la Tierra,
pero son crueles,
como avestruces del desierto, no meditan
ni en el bien ni en el mal.

Destruyen y se comen la herencia de los huérfanos
y las viudas,
cierran las puertas,
precisas investigaciones
para hacer el mal.

Dales lo que siembran Adón,
combate contra esos opresores
embistiendo con saña sin cesar,
echa mano al escudo y al pavés
por amor de ti mismo,
no por nosotros.

Quizá pronto estemos contigo,
y se haga así.

Esas músicas escuchadas

Es que exponerme a eso un día y otro
hace tanto daño, si no paramos
un momento puede ser,
quizá.

Había en un dique mucho tiempo,
horas y ganas acumuladas,
querían ser y no los dejaban,
querían morir y no podían,
como cadáveres iban, en vida.

Estamos en esos tiempos,
cuando musitando iba cantando
para parecer alegre y esa melodía,
a veces, tomaba forma.

Me despierto temprano
y no estás,
entonces qué hacemos creando
tantas cosas o haciendo.

Es que hay días parecidos a horas
y tiempos que sucumben eternos,
a pesar de todo, pasan
como la dicha de la alegría.

Luego ves resentimientos allí
diciendo esto o lo otro,
socavando con el sonido,
moviéndose en lo que siempre han hecho,
las mismas ondas imperativas.

Aburridos están de hacer ciclos
con los pelos llenos de tiempo
y estas canas que continuas
también hablan.

Esas músicas que escuchamos
en el norte y en el sur,
bajo el sol y cuando sube,
se quedaban en nuestra vida.

Creo que puedo detenerme a pensar,
como tomando un cigarrillo sin fumarlo,
con los audífonos puestos
y espero.

Hay tanto lodo en las calles y ha llovido,
también ha pasado un alud,
hay tanta fiereza en la muerte
y allí están sonrientes, creyendo ser.

Hay mucho sol y es sólido el verano,
hay mucho frío y no es el tiempo,
porque la gente se ha vuelto así,
como queriendo ser, sin ser.

Nada somos cuando humanos vamos,
nada somos sino alguien más
hasta que pensamos,
nos ubicamos
y
miramos el cielo.

Puede que te olvides de mí,
del pensamiento,
puede que sangres y te levantes ahora,
cuídate, pues del hoyo oscuro
con altas paredes invernales
rodean alrededor los vigilantes.

No rebuscaré palabras
para decirle que los tiempos musicales
traen penas escondidas,
penas como peñas
que caen luego como piedras.

Alimento Pésaj

Yo también hui de los anchos tiempos
varias veces, y no eran ajenos,
hui como huyeron aquellos ingratos seres
que no conocen del Señor y de su voz,
he aquí que estábamos juntos
en el tiempo del sol y de la luna;
y no eran solo calendarios.

Solo la misericordia de Dios, única
quedaba en los atrios del pensamiento,
nadie se acordaba de juntar las piedras.

Lo hará el juez de turno
de todo esto, y tú serás testigo,
abogado hay, siempre lo hubo;
deleitado en el delito caminaba, el hombre
compró madera e hizo una balsa para su vicio
y mar adentro llevó mucha gente,
no se sabe si regresarán.

A la tierra de Nod llegó
luego de apagar a su hermano,
con miedo y dolor llegó,
con odio, endiosado
con la marca sin luz, entre *najashim*
alimentó a todas y parieron
pervertidos, imaginaron su expansión.
¿Desde dónde provocaron las miradas?
¿Dónde caerían los rebeldes desde el cielo?

¿Para qué lees lo que no entiendes
si no entiendes ni tu vida ni tu corazón?,
debe haber anhelo en el día
y en la noche, que no sea solo carne,
pero solo está ese estandarte muerte.

Y qué hacemos con los panes
cuando toda esa tristeza está,
están allí tan brillantes
y solo hay penas,
hay visitas falsas que se van
como se van los tiempos,
los segundos que son estos años
y así partimos, así nos vamos.

En la velocidad de la vida
quién nota el desliz,
cuando empieza el día
ya es de noche,
en la juventud extasiada y alegre
se emocionan de todo
como si no existiera un final plúmbeo
ni una preocupación habitante,
desde pequeños no desean perdonar,
aunque sí de pequeñitos,
quién les enseñó.

Pedí cordero en la cena,
en realidad no me acordaba,
probé el pan sin leudar,
no adulterado,
recordamos las cosas,
vivencias,
el incienso brota de las oraciones,
pero nos fuimos, ya era tarde.

Y el opresor no tenía la marca viva
en el umbral de su casa,
cuando pasó el ángel de la muerte
apagando la primigenia vida
de aquellos nacidos
del amor o de la locura,
se van esfumando las duras puertas
por causa del pecado de los padres.

La marca de sangre
que no es marca de bestia,
no es ese 6 de hombre
y no creo en esos números;
creo en Quien los creó,
pues por causa del hombre se pusieron reyes,
por causa de la mujer, la ciencia.

Ciencia seductora con piel de seda
de fruta provocadora, sugiriendo imperio,
tierna ciencia, «tómala», decía
con labios repentinos, táctiles
para probar del extraño manjar.

Amigos míos,
¿por qué se esconden,
no les di reino y poder,
no les di amor y cariño?, no sean desagradecidos.

Pasará el ángel de la muerte
y no serás su muerto,
de faraón salvado serás
porque te dividiste para mí,
no creas en escritos muertos,
pertinaces escritos de siempre,
ni en elecciones humanas,
porque quien pone y quien saca
es Elyon.

Faltabas tú como parecer de mis ojos
tu boca y tu cena, dubitativas
porque la dicha tuya
es dejar ese ídolo que llevas
siempre, por si acaso,
como placentera salida y luz;
he muerto por ti, bajé al Hades por ti,
se remeció todo en la Gran Batalla, que no viste,
allí venció el Unigénito.

Te hablé junto al pozo,
con tus ojos diamante observabas
con tu dulzura observabas,
a pesar de la vanidad tan grande,
tan inmensa, llena de palacios y alturas;
no ha muerto aún tu amor,
si no, para qué se ama.

En medio de la confusión pasaste,
en medio de la mar paseaste
ante la rebelde tempestad.
Así, como novia salvada,
pasaste de dura opresión
a libertad,
no te olvides, así cruzaste
desde que te dije que te amaba.

Inmaduro no es el que ama
de aquel que pide quizá
que le digas lo que sientes;
porque si Dios ama
tú le amas,
por qué no has de amar entonces
con todo lo tuyo y tus versos,
con tus valiosas joyas preciadas
para brotar a la luz del día.

Paciendo cerdos

Donde he cobrado vida
siempre quise buscarte, sin tomar ni aire,
para serte,
y eso que haces con rabia, no es
la impaciencia, a pesar de tener.

Donde estás, hijo de Hashem,
en qué lugar noble y puro,
a dónde te fuiste de tu tierra,
naciste de un pueblo elegido
y ¿dónde estás?

Esos cerdos se ven lustrosos,
lentos y cómodos en su andar,
piel fina, grasa fina;
arte de engorde soberbio,
coros de cerdos les cantan a su yo.

¿No quieres hacer la voluntad de Dios,
no quieres tratar bien al extranjero,
no reconociste al Hijo,
por qué deseas las algarrobas de los cerdos
y no quieres cambiar tu orgullo?

Algunos cerdos tienen honra y son
centrum de leyes humanas, extrañas
se ven plenos, paren plenos,
así es este mundo, así.

Es que no todo puede ser este mundo,
me atraen las luces de neón,
el fuego, pero mi espíritu no es de ahí,
y yo con la vena azul en la frente.

Mis soberbias se están diluyendo,
la edad absorbe actitudes,
creo que me hundo,
quizá solo estoy cambiando
y aún puedo ser ágil.

Bajo el hielo de las cosas

El fantasma del gigante Og
ha cruzado lo que queda del hielo,
del hielo que cayó tras tu escape
y el desastre, nació agitado
en sucio invierno.

Ni me he secado tanto las lágrimas
como debería,
me tomaron justas en el camino,
la dejadez del alma, se nota
cuneiforme, parte la leña del hombre.

Dijimos cosas bellas,
solo te guardaste las que duelen,
resienten y viven entre nosotros,
como se debería vivir sin decir lo que es
dejando de hambre la verdad.

A todos llamas como quieres,
a otros eliges porque solo te halagan,
y aprecias dichos de fuegos cizañeros,
dejas morir las vivas flores de la nobleza,
secándose los pétalos en olvido.

Tú, que fuiste el poema de esta era,
dama de flores señoriales,
ama de versos insignes,
hasta que el lodo tomó esas calles,
y apareció el fango en las puertas.

Y tengo motivos para no olvidar
vivir sin perdonarte y andar en el desdén,
pero quiero decirte que aún cantas
y que aún la mano hace el gesto
de poner esa flor en tus cabellos.

Elegir lo que no es,
lo que Dios no manda,
de no acordarte, de dejar el aire así
soplando rencorosos poemas
de esos egregios combates tuyos
que no dan fruto agradable.

Y ni me he secado tanto las penas,
pues para tu apreciar soy
como un chiquillo inmaduro,
alguien que piensa solo en mí,
alguien que perdura admirándose;
y en mi corazón significabas
como eso demasiado.

Las venas tornaron rojas las vistas
y el viento se formó maligno,
se hizo demonio de ciegos,
tomó tu tiempo y destruyó los días,
se resintió.

Selah

De toda la música comprada
solo queda saber cómo pasa esta,
como la moda al morir y renacer,
pero lo que hiede siempre está allí
como alimento para muertos
para jactancia del momento.

Moda tsunami,
influencias con peces raros dentro,
me he cambiado a ser como ellos
para morir como ellos,
te sueno a mal consejero
o hermano molesto,
perdóname, no fue mi intención
no quiero ver tu desgracia en vida,
sino salud tuya, que rechazas
dilucidándose las salidas,
nortes del alma.

Caminaba
expandiendo música en ondas
hasta llegar a esos círculos,
ondas
día a día,
así es como debe de ser,
moría y revivía.

Marchan ondas en tus sinuosas formas
pasean en los sentidos
bombardeando calor,
ondas rebeldes a la causa noble,
y como fragancia de aromos
surgen en vapores,
hacia arriba van, se creían divas
y trabajose el hierro en forma de aguijón,
y siempre pateaban con locura
hasta que todo quedó esparcido
como semillas yéndose por un río
sin fruto y sin nada.

Esas iras *zamzummîm*
rastrean la buena fe,
hacen su obra, babeando torpemente,
no les gusta el avance de la luz
e inician su tiempo acusando.

Sala del pesar
donde brota la justicia,
tenemos aquello y siempre queremos más,
lo intenso suele ser dañino sin *selah*;
este interludio sin reflexión
hace que te vea y no te quite.

De menos a más, de pequeño a grande
de noche a día,
sin siniestros seres del tiempo,
acentúo la dicha del buen aprendizaje,
me he inundado de ansiedad antes,
ahora voy como una calma,
copas de árboles en calma.

Quiero vitalizár este canto
una y otra vez,
brillar en medio de asaltos
una y otra vez.
Selah.

Aprender a morir en ti
para resucitar pensando mejor
no comenzar todo mal,
sino bien,
como buena nueva en mis actos
ir con libertad,
como aire recorriendo el dulce rostro.

De toda la música concebida
concebí vivir mejor,
vivir para encontrar el alba, allá
que asocia mi vida
al canto de amar.

Una y otra vez
debí buscar el cielo,
el corazón llenar no de tristeza;
y hay días en que cojo el ánimo inverso,
no sé ni caer, como aquellos gatos,
sino que caigo en seco, y me daño.

La confusión gana a la rebeldía
como programándome en maldad,
los genes compiten al mover la sangre
y me he muerto de desear vanidad,
supliqué que se me quite el sol de velar,
ese sol negro
eclipsando el avance,
maldita sea la sangrienta maldición.

¿Nos hemos provisto de vida?
Quizá más de muerte
que carcome tiempos,
no me conozco ahora
entre las saetas, quiero ser
alguien que fui ayer,
y no quiero ser así.

Tantos suspiros atraviesan los tiempos

Cómo empezar
si el día lluvioso parece suspirar por mí
y llora asfixiado por la crudeza ofensiva.
¿Cómo sabías dónde estaba?
Estabas cerca, estabas lejos
y rompiste un monstruoso muro en mí
de sed salvaje, e ira,
iba frunciendo el ceño
y agitando el puño.

Todo desaparecerá de la tierra
y el fuego consumirá a sabios y esclavos,
fuego del Eterno
para hacerlo todo de nuevo;
y en medio de esa descomunal batalla
del *solus amor*, vamos.

¿Qué somos todos?,
sino del paso del tiempo,
así como los cuerpos van y vienen
así se extinguen.

Extrañas realidades que atraen
como atraen las luces del alba,
no caminas cerca de mí,
ni hemos visto esa pantalla
ni hemos sonreído;
suspiras como calmadas olas de mar,
pero hay caminos y sentimientos
en medio de ti.

Que harás, enamorado del destino,
enamorado de los pueblos,
de hacer todo lo mejor por ellos,
qué sacarás colocando parques
y pozos para ellos;
todo son ellos, y casi te han olvidado.

Nada de eso gravita,
no estoy así, como fuera del mundo,
en esa ficción aprendida, no estoy así, en realidad,
flotan allí y la gota de agua se va hacia arriba;
pero allá hay solo agua
donde puedo sumergirme también,
entonces, ¿por qué me dices que eres real
si no entiendes esto?
Magnético es todo esto,
hay un centro, un núcleo vital,
hay gigantes muertos como fantasmas,
nos encontramos y nos vimos,
querías arrojarme al desdén,
mancharme de deshonor,
vigilante sin dignidad.

Había una estrella, una estrella había
cuando los aedos beben el vino delicado
surgen vidas en sus voces,
y no se veía la estrella.

Al norte de la fe, hallé dádiva de Dios
después de la sangre y el dolor
al norte del día,
en mis manos, el regalo
e hice un vuelo allí.

No conocía la estrella, conocía la dádiva,
adversos tiempos emergen,
el inicio del fin, los mil años prontos
que seremos.

La estrella quiere amar y no ama,
exhala su aroma de nardos, un deleite
inestable como viento,
y no se ve ese brillo de dulzura,
de esplendor.

Cuando los días no son extraordinarios,
sino ilegibles,
como cosas siniestras pasan,
antinaturales.

Hemos bebido de las aguas del mal,
de aquella que se hacía la inspirada,
de pequeña te mostró un camino
que le enseñaron, muy rápido,
y no hemos tenido nada exacto
con cosas así,
sino mercancías sentadas en el desierto
arrancando suspiros a las víctimas,
y lesos señalamientos
que hacen de cerca o de lejos,
y pasan las respiraciones como eternas,
como David suspirando en los salmos.

Otium Amicitiae

En esos ojos preeminentes
no calcules con ira
ni comas con el verano puesto,
vive, pues, en libertad reflexiva
con el bien, el mal se va cayendo.

En la docencia te perdías
pensando que la nobleza es prudencia,
en la sangre de los datos
buscabas vanidades, te fuiste;
creencias desiertas.

En la decencia te fuiste lejos
más allá de las costas, te fuiste
cerca a unas islas
al hacer dato la sangre,
pausado quedó el pueblo.

Deseas, desean, deseo,
todo casi se ha hecho desear, casi,
dónde se colgó la ternura,
como cuando princesa impulsabas
animando a un príncipe, y te asía
rescatando tus brazos de caer al suelo.
¡Oh, pequeña!

Que te amparan, dicen
esos impostores a tu alrededor,
como crees que aconsejan
sin lanzar pesos a estas espaldas,
una y otra vez.

Tu corazón es para tal bondad,
pero alimentando estás, una pausa ciega,
un sentido que, llevado así, no existe,
una historia que creíste
sin ver lo que era.

Inscribe en tu vida el comienzo
que proyectas hasta la tarde,
eso que no se vive intenso
no es por la carne
sino por el espíritu es.

De los errores no aprendemos,
de salir de los errores,
de salir del fango,
del pantano con forma salvaje,
de ese mundano barro.

Esas opciones puestas en ese momento
no sirven para buscar paz,
sino guerra,
habitantes de guerras
que hacen sangrar los caminos.

Cursos de ríos se levantaron,
con mucho bullicio se alzaron,
aumentaron sus raudos caudales
pasaban por donde no pasan,
van por donde no iban.

No sirve el apellido al conocer,
ignoro el tiempo,
ignoras el cariño
de pasear en tiempos fríos,
nadie sostiene una falacia
tanto tiempo.

También vi

Es que nunca nos damos cuenta,
creemos que todo subyace sin ser
yendo por tierras inciertas,
va cabalgando diestro
y destruyendo fortalezas
aquel valiente caballero;
y no se dan cuenta, no discurren
sino que a todo alancean sin razón.

¿Cuál es la ciencia que no quieren oír?
La ciencia del que nada posee,
relegada solución, no la ven,
inversa a ser del interés,
desterrados fueron los puentes
porque de aquellos, oposiciones
de emocional optimismo,
contubernio unido para no hacer el bien.

Dicen que no se puede hablar
de una puesta de sol.
¿Así que todo debe complicarse?
Como va el sol, tan detallado en su calor,
antes era más amarillo,
día a día palidece;
tan precioso navega de lado a lado,
toma color la piel en la calle sincera,
en el bosque de suelo vivo
te esperaba aquella canción.

Esas torres Nimrod, allí por años
crearon desiertos sin sueños
en crestas agresivas de soberbia,
grada tras grada, nivel tras nivel,
cavilando van esos hombres.
¿Adónde se han ido?
Nunca les ha importado ni les importará,
siempre están ahí, nunca los vemos ser.

De las brechas me he levantado,
de los perfumes y de esa flor
para venir a escoger esa sonrisa,
y en medio de muchas historias
la dulce melodía era,
lejos quedan las brechas, sin incursiones.

Vemos la sabiduría en lo que pasamos,
atravesamos tiempos y espacios,
lugares y barrios,
y vemos aún la sabiduría eterna
en las fuentes de esa tierna naturaleza.

Pensaba Nimrod en tragar la luz del bien,
aumentar su caza, brutal como sus ojos
fugazmente, pisó los pueblos
como serpentina centella
como algo feroz mató.

Negaba al hombre ser,
un pequeño hombre negaba,
un frágil hombre,
descartado, pero usado,
negaba siempre.

Todas las ciudades temblaban
ante el norte del poderoso
en su militar visión,
y no se percató de lo simple
de un hombre ayudado del cielo
que de un soplo lo derribó,
soplo divino.

Los caballos pasean refulgentes
entre batallas
sin el hazmerreír de siempre,
pisando sangre enemiga;
olvidados quedaron los días funestos
apurados huían los opresores
y hacia dónde iban,
al norte o al sur,
despavoridos y sin salida.

Vi que había una dicha olvidada,
la de una madre clamando por un hijo
día, tarde y noche,
cambió de corazón,
amó y pidió al cielo.

Cuáles son las tropas que irán
a buscar amigos al desierto,
en pleno verano, cargado de tormentas,
arena hay por todos lados,
circulando y matando va la furia.

Me miras como si no me conocieras,
me miras con esos ojos obtusos,
circunflejos,
de abominable ciencia,
como si no me hubieras dicho nada,
pero lo dices y te callas y sales.

¿Qué te he hecho yo,
por qué me golpeas,
qué te he dicho ayer?,
hoy no te he visto, ¿por qué te has ido?
También lastimas cruelmente,
como si fueras tan débil.

El día del banco de un parque

Ignorante soy de muchas cosas,
acaso lo sé todo, nunca lo sabría,
más bien, quizá, sé algo,
y espero saber algo más
de lo que puede ser la dulzura,
por ejemplo.

En el desastre de los tiempos
hay pequeñas luces,
unas amargas y otras dulces,
unas observan y muchas bailan,
como cuando ves las estrellas.

Y tornose el cielo de recuerdos,
infantiles recuerdos.
«¿Mamá, te ayudo a llevar ese peso?
Ese cerro muy alto está,
y este depósito de hierro es tan tosco,
es mucho el alimento de los perros
tragan mucho,
yo te ayudo, sí».

«Hijo mío, niño de mi corazón,
sube, pues, pero baja con cuidado.
¡Ay, te caíste! Como un árbol seco.
¡Ay, hijito mío!, ¿te duele mucho?
Mucha sangre tienes en la pierna».

«Hijo mío, levántate.
¡Tú eres un soldado!
¡Levántate, precioso pequeño mío!
¡Tú eres un soldado valiente!
Límpiate ese polvo de la cara».

«Mamá, no te preocupes, anda,
no sufran tus ojos, observa
el camino, mira».
Y me he sacudido el polvo.
«Te quiero mucho, mamá».

«¡Hijo mío, recuerda!
Eres un soldado valiente,
no mueres en la primera batalla,
sigue adelante,
después de mil batallas, acabas».
«Mejor, madre, que sean diez mil».
Trémula nube, inquietante
va llevando el alimento de los árboles,
algunas muy finas y débiles,
otras muy toscas y fuertes,
y muchas llevan un precio.

Las verdades son ajenas
para los que no quieren hacerlas,
se van ignorando los conceptos
tratando de pintar errores
y no se puede.

¿Dónde cogerás la flor y la pandereta?,
¿dónde sabrán que eres tú
y que no es solo un banco más,
donde no se pierde tiempo,
sino que en la plaza está, sin enigmas?

Quieres destruir algo,
no comiences por la inocencia,
ignoro muchas cosas,
cómo acertaste en el color de la reja
para ver el canario de un corazón.

En una fotografía se mostraban las luces
y también las sombras dispersas,
aquellas que se hacen más fuertes
al caer el sol,
trataba de entender eso en una melodía.

No podíamos ir al parque invernal
porque hacía frío,
ni en el abrasador verano,
porque hacía calor,
la banca sola está.

Localizamos los tiempos
unos de otros,
porque estamos así
uno de otro,
como en línea se camina
sin estar allí.

Tus amistades no suelen ser tú
no pueden sufrir como tú
ni morir como tú;
sino que quizá te has reído con ellas
pensando que al atrapar un alma
con tus miradas
llega el castigo y la banca,
una vieja banca, allí.

Labor extraña

Siento frío y están ahí,
los vigilantes de la mañana,
que cosas no sabrán hacer
o decir, ni sienten el angustioso frío;
no estamos a esas alturas.

He decidido creer que no hice bien
cuando preguntaron si soy malo,
dije que nadie sabe
si uno es bueno, nadie sabe,
procuramos ese bien;
pero aquel decía que era bueno.

A veces he pensado en esa vida
o he creído,
ni he sentido que todo brilla
ni he vivido en maravillas,
si no hago cosas justas, no soy algo,
entiendo que es así.

La casa cruje cuando se acomoda,
estos días sin plenitud de un clima,
obstinados como una nada;
y habité en días muy soleados
cavilando proverbios,
adopto esto.

Siento frío y nadie me ha cubierto,
despierto con la confianza
de un día mejor,
otro día y me cubren,
era un ángel, era un ángel.

Si supieras lo que hay,
en eso que no puedes ver,
en dragones danzando en los aires, turbando
tan tormentosos,
si supieras lo que existe,
cómo se llevan esos demonios el alma
de esos perversos, mudos a decir un día
«sálvame, Creador, estoy en un abismo».

Y esa labor encomendada
suena a inexistente, entre esos hombres
no hay fama ni poder,
no hay fortuna excesiva ni galas,
solo estoy frente al cielo
ansiando que llegues.

No pedí ser

Siempre preguntamos, tan abstractos,
por qué hay tanta infelicidad
y tantos tiempos muertos
llenos pasan de repetidas obras,
¿es que no vemos lo que hay,
estas sensaciones son extrañas?

La rabia no se soluciona con rabia,
las horas no se solucionan con días,
los números, no todos son números,
no soy un número
ni una víctima de la rabia de los días.

Plasmas calientes en el cielo,
gime la tierra de dolor,
ríos de formas tormentosas
navegan en el alba;
gime la tierra de dolor,
el hombre esconde la mano.
¿Quién es tu rabí?,
no me ha servido ese *nous*,
de esa manera sobrehumana
tan fuera de tiempo,
y sin Creador.

Siempre preguntamos movidos
por un sentimiento no tan lejano
y lo que es de la vida,
unos se motivan con la desgracia de unos,
y otros pocos oran por ellos.

En ese dolor de los días hallé locura
y también pedí al cielo,
invocando fuertemente su nombre
en la azotea y frente al bravo mar,
no hay grietas en los abismos,
no se puede ver desde aquí,
¿qué fue antes de mí,
qué me precedió?,
no lo sé.

El templo de ese lugar está muy lleno,
van todos a purificar sus penas un día
y al otro tiempo piensan en sus dioses,
lloran y piensan urdir el mal,
ese maestro nunca se acaba,
manda a acabarse entre unos y otros.

No pedí cerdos ni jabalíes,
aparecieron en la cerca, destruyendo todo,
se tragaron lo bueno,
se hicieron reptiles hambrientos,
maldijeron lo bueno, aplastaron bosques,
se crearon ídolos desde antaño
y mandaron a los desmerecedores
a cercar a los nobles.

Moribundos andaban y nadie se compadecía,
querían escuchar las lacrimosas penas
para echarlo a los cuatro vientos
y tú dijeras «lo sabía»;
pero otra vez confiaste, caíste,
no retuviste el consejo,
gemiste de dolor
y más te apalearon.

Deconstrucción

Telas finas de brocado diamante,
poses nobles de príncipe insigne,
con ese romántico vestido a trasluz
de azul insigne en nave artística,
como fuente de inspiraciones, va.

Pero no sabes amar.

Estandarte aquí y allá,
títulos y panderetas en tu honor,
armoniosos pisos de lustroso brillo,
compañeros estelares, inauditos
en lugares de tierno ensueño.

Pero no sabes amistar.

En el banquete frugal deleitoso
cundió la sonrisa y la algarabía,
en el tiempo solemne de la música
sonó lo mejor, digno de un momento,
la pieza única.

Pero no sabes decir «perdóname».

Idílicas batallas ganadas, ancestrales
fotos magnificentes generacionales,
armas de guerra y escudos,
blasones, estoicos y pensamientos,
ciencias y filosofía.

Pero no sabes decir «te perdono».

¿Cómo se construyó en la vanidad?
De aquí a nuestro fin,
más allá del elegante epitafio
y de la gran ceremonia funeraria,
no hay grandes hoteles ya
ni navíos potentes,
solo está Hashem.

Tierra de debates

Se había ido la discusión supuesta
para volver a lo mismo de siempre,
no tienes algo bueno que hablar, no
solo posees todo aquello entenebrecido;
un buen teatro era el debate,
un *ring* de la nada.

Los vídeos estaban siempre allí,
creando historias de guiones,
de muchas historias hicieron un sí,
pero luego ese angurriento no,
prisiones del pueblo.

Han originado hoyos en la tierra,
rayas en el cielo,
cubiertas de fuego,
por esos errores,
constantes desavenencias
impuras e injustas.

Yo te llamaba a ti
para decirte que a veces hay que irse
y dejar a ese necio sembrar su ira
para que luego coma de ello
y mudos estuviéramos,
porque el Creador lo quiso así.

Simposios artificiales abiertos,
esperemos que haya virtudes activas,
libres de demonios
que pululan con sus dientes,
nos los muestran sin descanso.

Libres al hacer algo a ese pobre hombre,
libres para ayudar a nacer
la hidalguía de un comienzo,
y se oigan los cantos de los pájaros
más que chirridos de siniestras saetas.

En el valle de las sombras
hay quienes detestan las luces,
enemistad de las simientes,
debates con asimilados,
golpe a golpe, ira a ira,
y no hay camino verdadero.

Me quitaré la burla para ser feliz,
me quitaré la risa para sonreír
un día al verte,
llorar de alegría
como si te viera brillando,
y así cumplas esa promesa.

Nada bueno hay que hablar,
nada bueno hay que decir,
no se pueden hallar bosquejos distintos
como preludios de cambio
para nacer en el agua, solo se nace.

En las cavernas me perdí,
allí pase mucho tiempo, cobijado
en tierras de suaves matices,
de cerros y alabeos,
como si esos túneles dieran luz propia.

Pero solo entiendes tus celos
y la dicha de tus logros,
esa precisión sin raíz de tu determinación
quedará exánime,
solo entiendes tus alegrías,
por eso, quizá, no me entiendes.

Cuando te he visto, me he reconocido,
extinto me he visto,
atribulado y en llamas,
creyendo que es vida;
una soledad rodeada de amistades,
sembrando ilusiones
que nada dan.

Una voz y otra voz y otra
persisten en la sala, y hay aplausos
y metas, forzadas metas caídas;
he cavilado y he comido al cuidado
para no molestar a nadie,
mejor me voy a tu ladito, Señor.

Y hasta allá me has seguido
para ver cuándo caía,
filmabas mis pensamientos,
mis ideas grababas, las refutabas
cuando recitaba algo vivo, golpe
en medio de ese cuantioso infierno
de vidas afortunadas.

Mañana hay un debate
sobre los hogares que no serán,
sobre las noticias que no saldrán
y sobre la inevitable destrucción
de historias confusas
sin luz y sin salir.

En ese tiempo voraz

Lugares de cuentos y majestades,
lugares lejanos,
y ríes,
pero no hablas conmigo,
porque en una fatua altura estás
en el mover de no vivir agradecida
al cielo,
sino que apuntas con el dedo.

Cuida tu día humano, asoma el desgano,
pero no cuides lo que mata,
cuida tu día, hermano,
pero no cuides lo voraz y sanguíneo,
toma y deja.

Indescriptible es el día de la ira
cuando de continuo va,
cuando de continuo sigue,
indescriptible es el día de la ira
cuando se repite y está así,
tan lleno de secuencias.

Caperucita era el lobo,
también iba disfrazado de cordero,
qué íbamos a hacer o decir,
conducidos al matadero vamos,
hasta había un puente rápido
y una senda hasta allí.

Allí estuvimos en ese tiempo voraz,
amordazados por el día,
un bonito día hacía,
y estábamos en estos lugares,
todo es por algo, decían.

En ese tiempo absurdo del mundo
que nos ofrecía harto oro y nunca lo daría,
bonita puerta, fuerte de madera maciza
fino acabado que no sería tuyo,
tampoco sería mío.

En el cielo, la contemplación,
el giro de los pájaros salerosos,
bellos al volar,
bellos al cantar.

Como un estanque sin moverse estaba
el agua separada de su lugar,
tanta ciencia nos separaba de la verdad,
nos colocamos aquí para vernos,
es triste vernos así.

Buscando y no hallando,
creyendo en esto y no hallando
no somos tan malos,
sino que cerraron esas puertas,
y nosotros estábamos dentro.

Cada día es un día distinto
para aquellos que están libres,
haciendo cosas libres sin serlo;
sale la vanidad a pactar,
pero no somos así.

Veraz voraz,
dónde hallamos canción bella
sin enviciarnos de estafas
de eso que llama y te engaña
voraz veraz.

Nuestros progenitores

Hemos concluido que los días son duros
y queríamos obsequiarles muchas cosas,
padres amados,
afuera hay falsos idilios,
ídolos que vimos juntos,
sin saber, sin saber;
pero ustedes estuvieron allí
hasta donde pudieron sus fuerzas.

Te obsequian una sonrisa
que ni te mereces,
como madres brillantes te enseñan
elementos primordiales
y sabidurías para corregir.

En los detalles, en los gestos,
allí hemos estado,
en lo poco y en lo mucho,
cuando hay y no hay;
por gracia de Dios.

Desde el norte hasta el sur
hemos concluido que estamos vivos,
aún;
pero no hemos tenido tanta fe
se nos ha ido la fe
varias veces.

La miel que diste llegó a nuestros labios
y si se equivocaron, humanos,
solo habría que seguir la senda,
la pista real de nuevo,
y nos iríamos allí.

Los temas que resolver,
muchos temas,
tarea ardua y viva;
los temas endurecidos estaban,
pero aquí estamos.

Un amigo especial no es amigo lejano,
eras tú cuando nos abrigabas
para estar consolados,
para estar a tu lado, maternal,
y tus lágrimas nobles.

Aprendimos a tu lado,
tus consejos buenos eran,
aprendimos de las cosas buenas,
las malas se van al río feroz,
se las lleva,
pero siempre llegarán esas riadas.

Hemos concluido que los días son duros
y hemos visto todo esto,
hemos entendido la luz
para estar mejor.

A pesar de todo, seguimos aquí,
a pesar del desdén y el menosprecio,
la desidia y la deshonra,
estamos aún
como esa madera golpeada.

Y a la manera decisiva
de un padre que abre la brecha,
mira el futuro, y es el presente
y nos ve a los ojos
y nos da un fuerte abrazo,
se despide.

Siempre hay un descanso.
Siempre hay una lucha
y firmes resistimos;
resistimos para vivir,
han lapidado nuestras sonrisas,
amargaron nuestras obras
y el ánimo es viento,
plenitud de majaderos.

¿Cómo podremos estar así
en tuertos días que no se soportan,
porque no hay lluvias
y todo está muy reseco
como pieles vanidosas y antiguas?

Con esto otra vez,
cada tiempo se vuelve extraño
y hemos visto que editan a su antojo
todos los males en *zoom*
y los bienes ni se notan.

Hemos considerado de esta vida
lo vital para subsistir y ser únicos
en medio de hienas y leones,
hemos considerado vivir
esperando de aquello apreciado
con la cabeza erguida hacia el cielo.

Con esto de día y de noche,
quizá debemos aguantar mucho más,
sabemos que podemos, pero
no lo hacemos, porque hay dolor
y saben cómo estamos
y seguimos creyendo que estamos solos.

Hemos visto una y otra vez
que los días están acabando
para ellos,
esa gente que muere,
parece vívida, pero solo es viento.

Podemos ver que, en realidad,
las cosas se tornan
un poco así, como miseria
se cae, se deteriora.

Este engendro que ruge
y tenemos que resistir,
engendros que buscan ser algo
y mueren luego
de un momento.

Debe ser porque, a partir de las puertas
abiertas en los días,
abiertas de par en par,
hemos buscado esto y lo otro,
porque no es cosa que sale de la nada,
sino que lo hemos llamado.

Orando más allá

La vez que la preciosa tuvo miedo
de verano en la cabeza, temblaba,
se pasará esa prueba,
no se pasará esa duda
y a qué monte miraré,
a qué idea miraré,
si no todo se vale en este mundo.

Parece que nadie escucha allí,
parece que están durmiendo, allá
grito al cielo
hasta que escuche y se acuerde
de que estoy aquí,
clamo al cielo.

La vez que el príncipe decayó,
en sus razones cayeron sus alas,
los tiempos adelgazaron sus sueños,
desconfiaba de todos sus hermanos;
a qué hermano llamaremos.

En tiempos halagüeños nos olvidamos,
dijimos que todo era nuestro,
hicimos todo lo que quisimos,
pusimos a dormir la piedad,
cerramos la puerta,
nos burlamos.

Estaba en ese paradero
de ese lugar, duro lugar,
y se veían las posibles luces,
imaginado es el futuro,
pero no hay futuro en el dolor,
siempre lo han dicho,
no creo que sea tan cierto,
porque a veces se enamoran
de lo que no es debido.

Y he muerto de terror
y he muerto de temor
si algo pasa con esa delicada perla,
qué sería de ti.
¿Acaso tú querrías lo malo
para alguien que no te hace nada,
si el bien hizo a tu cálida casa?
Si no, qué amarías, si no, qué se diría,
nada sostendría ese hogar,
ni tiempos ni dioses
ni guías ni templos
ni piedras de oro.

La rabia del dragón
asió su cola pertinaz y sin temor
arrancó casas enteras,
aprovechó el descuido
de que nadie quiere el bien de otro,
sino que se envidia y se mata tiempo.

Me puse a pensar en ti
en medio de esos osos de la maldad,
elevé oración al cielo,
pedí a los batallones luchar
para que no pasara nada
y así fue.

Nada es porque sí,
sino que por el camino es.

De los días sin honor

Guardaos, poetas,
para cuando llegue el instante,
cuando la vida se atenúa,
cuando no sabremos qué decir,
qué sí o qué no,
abres ese libro y es
algo que sinceramente guía.

Guardarás esos días,
porque no se detiene la edad,
ni la muerte al alba
cuando declina,
parecida a calurosa sombra es,
se va y viene el día
que a veces no quiere ser.

En el tiempo de la ira,
a dónde iremos,
no se puede comprar la eternidad
jamás,
tampoco de los íntegros, el amor, la paz;
cuando llegue ese instante
tejidos vienen, entretejidos
una y más cosas funestas hay
armando decorativa malicia.

Denigrarán a esos jinetes del brillo,
con sus estandartes caerán
como frustrados pensamientos,
las ideas estarán en tinieblas
como un gorjeo sin certeza,
y no habrá honor ese día.

Te preguntarás qué pasa con tu ruego,
no habrá fundamento instantáneo,
pero siempre estará tu Creador
nunca se ha ido,
te soltó un instante
para ver lo que haces.

Guardaos inviernos
para cuando llegue el sol,
cuando se ofusca como rabioso animal
algo pasa, se detiene mucho tiempo allí
y la lluvia llega feroz;
pido perdón al Eterno
ni soy nada ante Él.

Hace tanto viento aquí,
todo vuela por todas partes,
nadie sabe a dónde va esa furia,
le indignó el pueblo y soltó la ira,
se metió en el agua y cargó el desborde,
todo se ha llenado de lodo y rebase.

Y un enjambre de mosquitos molestaba,
como maldición molestaba
en los tiempos para crear,
días sin honor e indignos
han hecho los hombres oscuros,
ensombrecieron los días de la piel
se silenciaron, enlutándolo.

Cómo cambian los días de pronto,
un día estás allí, entre diamantes,
y luego estás entre moscas,
esos viles que se quieren eternizar,
han colocado a Babilonia en los cielos
para hablar con las vanas estrellas.

«No tengo bendición, no tengo bendición»,
dijo Esaú a su madre,
pero aún me gustan las lentejas,
ese guiso amable, de corazón extraño,
salí primero y me voy el último;
ya no hay sabios de Edom y su prudencia,
pues todo se ha ido como se dijo,
en los labios de una profusa cananea.

¿En las alturas no solo hay penas?
Porque no hay sublime ser, elevado
no hay pureza humilde, ni nobleza
al querer probar del bien,
probamos aún de la violenta furia,
animando ínfulas.

Extraño era

No extrañar lo que no es amargo,
a veces te veías severo
allí sentado en esa puerta
por donde todos pasamos,
pensabas en tu vida, o en ese horizonte,
en esa pequeña silla
y pensamos en ti.

¿Qué te pasaba?
¿Por qué estarías así?
Si estabas alegre hace unos momentos,
tal parece que
todo se iba como se va la fresca sombra,
haciendo pedazos la idea de una juntura
en adolescentes tiempos de calor.

Has hecho tantas bellas cosas
y nadie te ha agradecido como es debido,
siempre recordaste la dura frase,
lo sé, repetías, pocos agradecen,
lo advertiste, pero auténticos siempre hay,
y eras como sabio al sentir eso,
pero no siempre son cuchillas.

El favor de las falaces costumbres,
porque si tocas riquezas absurdas
y honores a conocidos,
sus desvaríos saltan como panteras.
«¿Y ese por qué habla así?
Han desnaturalizado la ley», nombrabas.

Al salir a la calle
procuraste sonrisa,
«qué no me han dicho —decías—
y qué no me han deseado?»,
mis fallas, eran las peores fallas
para los que me ensombrecen,
y mirabas en la historia,
donde esos corruptos bailaban allí,
y qué importa si bailan, decías.

Se necesitan duros cantantes,
cantantes de destrucción,
atormentados en dolores y santos,
se necesitan penas pintadas
en alegrías sin ningún sentido,
porque se han endurecido los muchos
y comen del mal de la ira en la locura.

Con tus manos guiabas sendas únicas,
quién pasaría de lado
sabiendo que hacías cosas así
y sin estar al lado de un maestro,
quién sabía hasta dónde llegarías.

Paciencia, esbozaba tu dirección
antes de que llegara tu partida al cielo,
los soldados acaban como soldados
y tú eras como un general,
discutíamos y luego te amaba,
besaba tu frente
como prole agradecida.

Cuando amado, no odiado,
caminabas como una luz que no se queda,
con labios como horizontes allí,
sendas reales,
aprendidas mejor en el día,
y aceptaste bautizarte como común
en un río corriente y caudaloso.

A veces se repiten tus frases
como pegadas en el aire,
en voces que nunca me vieron nacer,
cosas apreciadas que solo decías tú,
será desde Noé, esto
será el espíritu que viaja
y navega, o serán los escribas,
qué será, no lo sé.

Será aquello que viajó en el tiempo
sigiloso, agachado, buscando hallar
contrataciones extrañas,
giros de extraños hitos
marcando una aparición.

Pero aún tus cosas se mantienen
como inteligencias únicas
y artificialmente no vivirás,
nunca haría eso
respetaría, pues, tu memoria,
respetaría tu visión,
y nunca quisiste confundir,
preferiste morir a mucha vanidad,
como hacen los que pasan de ella.

Elevación Sinar

En las tierras del Sinar
elevaste un grito de guerra
bestial, exógeno,
todo un cazador de leones,
de bestias y de hombres,
general en disciplinas agrestes.

Calafatearon los huecos,
pintaron dorados,
con oro pintaron sus paredes,
elevaron las gradas como montañas
para no ser divididos,
para ser uno y atacar.

La torre de Nimrod insuperable apunta
como diciendo «quiero llegar
hasta la cúpula, llegar,
crearemos cosas que vimos a esos gigantes,
de esos ángeles que nos enseñaron
para estar allí, más allá de los pájaros,
como una punta, como tocar
con dedo humano».

Cuando matabas a un león
pensabas ya en matar al otro,
fiero bebías la sangre de los caídos,
en sus cráneos bebías
como furioso y loco,
como si no temieras,
y así levantaste paredes.

En los brazos de esa imagen reposas,
lanzando alaridos de estatua
y quien te ve, no te reconoce,
cuántos emulan tus días sin ser nada,
cuántos comen soberbios,
sin piedad,
lanzan diatribas
condenas.

Abusivos, ordenan aquellos tiempos
como si les competiera ser así,
pasa el día y el fin de semana;
hay una cosa que se te ha olvidado,
no lo consideras, ahora
no lo tomas en cuenta.

De ese terror en la sangre del enemigo
colgabas sus dientes en tu pecho,
colgabas sus cráneos
alrededor de tu cintura,
coleccionando bestialidad,
has hecho algo por nada,
sino por ti, cazador.

Proyectaron sangres de astros
al cruzar al nuevo mundo,
llevando cruces en sus venas
saldrían nuevos seres de ellos,
caníbales había, hijos de la ira,
siempre cazadores,
en la marcha de los tiempos oscuros.

Y en los días
vamos como muertos,
las ciudades son cementerios
llenas de luces y trastos,
como la apariencia de un fariseo
falso y muerto.

La emoción del ruiseñor

Pasar por el parque y ver esa ardilla
juguetona es como la idea fugaz,
se desprende de mí
una emoción magnética,
transcurre por el aire,
vuela como encandilado pájaro.

Los ruiseñores alteran el silencio
con arte favorable, disrupción
a la salud levantan sus trinos;
en esos días reconocí tu faz,
pues parecía todo como melodioso,
muy fino.

Al reposar la nube en el poema
no parecía fugaz, sino meditada
emoción vital, como danza de plantíos,
si todo se moviera a partir de allí
ya me habría pasado otra cosa.

Y solo pasó una dama fugaz
diciendo que ella también llora
como la lluvia,
aunque luego, como siempre,
reposa tranquila y se ríe.

Hemos dicho que no viviríamos
en un lugar donde los días son graves,
y hemos llegado hasta aquí,
un lugar de *alteratios*,
en cada cruce errabundo
se marca el pensamiento,
esos errores navegan siempre.

Agradecí a las gentes nuevas
que aparecen en bellos colores,
agradecí el contacto y su atención,
esperando la respuesta,
de aquella noción de vida
los consideré estimados.

Aburridos están los pensamientos,
las bases del poder alientan en nada,
solo están allí por podio y fortuna,
la suerte está echada
y los días trémulos
y la carne parece hostigada.

De pronto, amanece y no es un día igual,
canta el ruiseñor tan distinto,
obra distinto, no es digital
y no es la musa abriendo los brazos
que siempre niega
cuando puede dar,
sino que fabrica caída,
abre un religioso agujero
lo cava y se lanza al vacío.

No, señora tal, no es inmaduro
tener el corazón de un niño,
preguntar a alguien si lo aman,
por qué Dios hizo el amor,
y la rencorosa distancia no es el amor
y el silencio de muerte tampoco,
porque ya reflexionaste hace tiempo.

Las bestias salen a matar
a cargar contra el prójimo,
clavando sus grandes colmillos
contra la presa,
hacen extinción en todo;
cuando la lluvia no puede borrar la sangre
tirada en el suelo está, en forma dispersa,
y tampoco hay frases bonitas que llenan,
sino que tú ensalces, como ese ruiseñor.

Cantaste bajito, cantaste muy alto,
cómo pedirte cantar en estos tiempos
donde la peste tomó su lugar
y las guerras son mentira, y matan,
se entronizó en medio de algarabías,
murieron muchos de hierro y terror.

Las nuevas puertas no son para ti,
ni las nuevas cosas tampoco;
quedan el valle, el sol
los mares, los ríos,
la ternura y alejarte de eso
que no te hace natural,
sino artificial, como esa memoria.

Ayer le pregunté a la memoria esa
si me quería, a sabiendas,
y me contestó tan artificialmente profunda,
como evitando, tan evasiva,
con sangre fría de reptil, que no.

Al pasar por el accidente,
vi que no cabían los pensamientos,
solo estaban allí, todos reunidos afuera,
me quedé dentro, solo sentí la sangre,
su sabor;
me cegaban los ojos
no podía salir, pero fui
con la cara reventada por la imprudencia.

Todos miraban con sorpresa,
«¿qué hace este aquí,
qué hace este allí?,
está con la cara así, todo herida y viene,
debe necesitarlo mucho»,
y era así.

Alfar

Créate, poetizaste.
¿No puede hacerme yo solo?
En la eternidad mediste,
en el amor, algo maravilloso hiciste,
lleno de espíritu y de vida
nuestra casa es de tu aliento.

Qué infantiles somos al pensar
que nos hicimos a nosotros mismos,
créate, y soplaste con ese profundo amor
que nos tienes, a pesar de todo,
con esa alegría de un Padre
al ver un buen camino.

Nos diste todo,
solo veríamos la inmensa creación,
nos diste fuerzas irreductibles,
nada nos superaría,
y nos diste eso que nos deja
decidir.

Calor espiritual, fuego
eterno, hálito que enmudece,
no soy de este lugar ni del otro,
¿por dónde irá el viento,
por dónde estará ahora?,
allí nació esa sangre una y otra vez.

Como nace la solidez de un día,
así nacen seres cada tiempo pequeño
y se van también al mar,
como esos muchos ríos,
y no se llena, no.

Allí diste hembra única
atajando soledades de ese amor inmenso
con esa gloria dada a ellos,
a los victoriosos de un varón nacer,
y salió delicada y poderosa.

Es extraño, en lo eternamente debido
colocaste un pequeño detalle
de esta tierra,
en su planicie bajo el cielo,
y lo llenaste de vida.

Plantas, animales,
¿quién igualará a esa flor
quién igualará al alba puesta en belleza,
ese aroma de lo noble, certeza en flor,
de lo puro?

Apreciaste, todo era hermoso,
un día glorioso en lo eterno,
los hijos de Dios
esbozaron aleluyas,
como cuando se conecta el amor.

¿Qué nos hace buscadores?
¿Cómo caímos si teníamos todo?
¿Qué es eso curioso?
¿Por qué nos herimos de muerte?
¿Por qué al rascar la herida, gusta?
¿Por qué se abrieron esos ojos?
Los hijos de la sierpe en su semilla
urdieron entorpecer
con bífidas lenguas, charlaron,
anularon la próspera continuidad,
detectaron al guía.

Nacieron también de Ḥawwā,
nacieron con muerte prescrita,
como la muerte nació
alguna vez,
no serías de la eternidad
en esa pureza congénita
ni los mil años verías.

Carta al trono del hombre

Casi destrozado y lleno de dolor
se acercó, apretando los labios,
constante, compungido,
aullaba en aquellas reuniones
para ver al cielo en esa alada desdicha,
cavilando, musitando enojado.

Y declaró en una voz
el después de esos inmigrantes tiempos,
tantos días y así,
y no le has visto acercarse y darte
apoyo y voz humana, decía
«yo soy también como un pueblo».

Agradeciendo su tiempo y su majestad,
terra aspecta bajo el cielo,
se vio pasar un águila
y unas avecillas molestando
su paso por ese bravo mar
en medio de su devenir.

A través de esto, me dirijo a usted
llevando el paso de esta historia
sin ver algo del horizonte
que en su magna carta habita
para cumplirse.

Fallo como todos fallan,
me alimento como todos se alimentan,
pienso como todos piensan,
y un día son como dos de aguante,
si no son tres.

Saludarle, lo vi en un sueño,
estaba en su majestad estoico,
como pensando,
sí, estos días son aciagos,
extraños,
y no son para videntes;
ni los ayos lo entienden.

La preciosa descendencia vuestra
conozca de la libertad del cielo,
en días como estos
donde se acortan los tiempos
no mienten las Escrituras
porque se acerca el día.

En este círculo tan indiferente,
aciago le canto al mar,
en ese mundo tan elocuente,
en lamento se llama al cielo,
desde el círculo de la tierra
desde el trazo del confín vasallo.

Habito un tiempo.

Templo telúrico

Bienvenidos a la sesión de hoy,
me ves y no estás,
qué eres entonces, si no estás,
¿en qué minuto te volviste así?
¿Cuando te dije que...?

Ese sueño ininteligible, a la vez está en mí,
ese sueño que muestra
un conejillo perdido, medio enfermo.
Éramos amigos,
y ahora cómo estamos.

Cosas de corcho construías, humano,
con movimiento, con gran empeño
las movías, con arte, emulabas ideas
de cosas que no servían,
de cosas desechadas,
de cosas cero.

Somnium de enlaces,
no son irreales, me llamas,
estas ahí, no es que no estés,
sino que estás allí,
Somnium covalente.

No sé cómo es que te tengo
intensamente, en los días,
y apareces como fascinación,
me levanté del sueño
a manera de pesadilla,
no quería poner semillas allí
que te hicieran odiarme.

Todo se movía intensamente ese día,
como onda viviente se movía
incólumes no eran,
bailaron como yo
en esos días sin sentido
donde todo parecía tener sentido.

«No eres bienvenido», dijo el soberbio,
y marcó la puerta con su ira
y se marcó a sí mismo,
se marcó sin destino,
sin creerse observado,
en las pesadillas penaba,
la maldad cobra en decadencias.

¿Dónde está la copa del embrión
de ese tierno cotiledón
que brota delicada en planta,
proyectando inmensidad
en el cerrar de ojos del aedo?

Y de ese lugar donde se pone el sol
solo se ven sombras,
sombras de árboles,
sombras de bancas,
sombra mía,
y si en Europa hay más sol,
en África verán entonces más nieve.

La sesión de hoy era mortífera,
exánimes quedaron todos,
los que fueron y los que no,
los ánimos son tela frágil.

Advertiré algo y no amenazaré,
no seré grato al sol de las sonrisas,
aversión de otros tantos,
que ese sol veo pasar más veces
y parece que la luna se ha avergonzado,
se ha puesto roja y puedes ser así.

Los *najashim* simulan ser buenas personas
y hasta me han hecho pensar sobre mí,
si hago bien o si hago mal,
alucinan dorados en sus brillos
alistando sus perfectos colmillos,
pero dudo
y me han sacado de la sesión,
cerraron la ventana
y el acceso hace tiempo.

Se desbordó el río de influencias,
hay gente gritando por todos lados,
sucumben ante la desgracia, se alocan,
son aguas fuertes con piedras pasiones
ahogando las ciudades.

Alguien lanza un llamado a ver el cielo
y todos lo ven, hay imágenes abstractas,
manchan el cielo a manera de pantalla
y sale un sabio a proclamar
que se ha hallado con suma vida extraña,
¿de quiénes procede esa ilusión?,
un hombre lo reta y lo calla.

No soy un animal de evoluciones,
porque me he redimido en otra sangre
que no es la mía,
me ha sacado de las aguas
de la oración y del espíritu
que habla otras lenguas,
como un pensamiento nuevo.

Y mandaron a las mínimas debilidades
a jugar graciosas entre las cosas,
delicadas, sin dueños andaban,
adivinaron los oscuros, la maldad intuían;
se pierde fuerza al tratar de ubicar inicios
cuando elevan sus frágiles atavíos
deleitan los frutos frescos, en la oscuridad
vienen esos círculos de caídas, resecando.

El dragón y sus ejércitos,
sus ejércitos y el dragón,
saben cómo endurecer la piel,
arrogantes toman su poder,
lo enjugan en sangre de los caídos
para dar temor y avanzan.

Al poeta David

¿Qué hay más allá de esas estrellas?
Qué inmensidad tan magna,
ayer dejabas esos animalitos
fieles y tranquilos
tras la cerca,
allá en el cielo, todo será muy distinto.

Se proyectaba desde Isaí el tronco,
el regalo de conocer un nuevo tiempo,
aun con la vara de corrección,
más allá del alba que sale
a tocar el día.

Y en la ingenuidad de tus ojos
y tus dulces pestañas, fiel amigo,
mirabas desde niño
el poderoso cielo
y señalabas con tus manitos
e insistías, enamorado del momento.

Enamorado siempre estabas
de la gloria del hombre,
en tu bella madre descubriste esa ternura,
dulzura que jugaba con esas ovejas
y sonreías y se te quedaban palabras
inmensas, inefables, dulces,
y crecías.

Danzabas con tu madre,
aprendiste a tocar músicas,
cantabas y recitabas muy bonito
mientras te contemplaban desde el cielo
y el mundo te dejaba atrás,
de allí te recogería el Señor.

La fuerza se pegaba al músculo
la velocidad a la acción,
bostezabas y era hora del retorno,
a ver a la familia, a tus hermanos
y a tu padre.

Y hallabas al progenitor, feliz en sus días,
sus hijos eran soldados del rey,
servidores del rey,
emocionado estaba,
y llegabas y te abrazaba y decía
que un día serías así.

No sabía que había sido una tarde dura,
que combatiste a un fiero oso
intentando tragar el rebaño,
por eso traías rasguños
y tu sonrisa, pues Dios te había dado
la victoria,
quitaste la vida al violento ser
con esa velocidad compacta.

A Saúl le dabas el dulce arpegio
para que pudiera estar tranquilo,
al rey Saúl, que se enamoró del sonido
de aquella música pastoril,
para quitarle esos demonios
y eras como medicina.

La precisión del tiro
derrotó a Goliat, el poderoso,
sangre de Nefilim, caído
sin cuello y sin ejército,
¿dónde está su intimidación ahora?

El ungido para siempre
dejaría a Saúl de lado,
porque no supo apreciar la belleza
de las bendiciones y el poder,
de las conquistas inmensas en sus manos.

Veías esos ojos y te extasiabas
esa voz tan ingenua, majestad de dama
como arte quebraba su forma en fineza
y quebraba tu señorío
eras hombre oveja, de hombre león.

Y conociste a Jonatán, otro niño
de pestañas dulces como tú,
que admiraba tu entrega y tu luz,
hermanos se hicieron
en combates, leones y águilas
acabando ejércitos dictadores
para elevar luego tu alma al cielo
y decir a Dios que esté siempre allí,
al lado de ustedes,
honorables caballeros.

Cuando cayó Jonatán,
también hiciste poema a Saúl,
y cosecharon lágrimas tus ojos,
tanto tiempo enemistados con el rey,
David nunca persiguió al ungido,
Saúl siempre tan hostil,
con el que diezmiles de vencidos
le atribuía la voz de un pueblo.

Tu hermano de batallas,
amoroso en todo momento y fiel,
abrazados iban en tiempos buenos
contando sus vidas, juiciosos,
deleitados en la victoria.

Mira esa ruina al horizonte

Hombre, hembra,
esa casa está así desde hace tiempo,
¿quién se atreve a repararla
quién recibirá esa gloria,
de quién será tal honor, indescriptible?

Hasta el río, si puedes darte cuenta,
está seco,
una agreste vida circula
sin ningún brillo
no pasa agua allí hace tiempo.

Observa esa ruina al horizonte,
hace tantos años ya,
es como una casa desecha,
tiene muros destruidos, acabados
hollado está todo,
con huecos muy profundos
la ira fue arrojada allí,
desde los portales del cielo
cayeron con potencia apoteósica.

No lo esconden ni los altos collados,
está allí a la intemperie, tan desgastada
desvalida y sin vida,
y ellos saben,
le han dado un reto a su osado quehacer.

Se ha ido el techo que lo cubría
y el muro brusco, olvidado,
lleno de males está,
micciones en las esquinas,
qué reseco está todo allí,
sucio y mustio.

Hay unas letras secas descoloridas,
tenían color y no la tienen ya,
es como una blasfemia
mencionada contra otros,
saqueado está por los males.

Han enfocado el salitre que sale,
por todos los muros abunda,
las hierbas secas desde el piso
y todo parece como enfermo,
desahuciado por los hombres.

Las lecciones son las justas,
hicieron tragedia los años,
muestran violencia continua,
creen que Dios no observa,
que no sabe, pero Él sabe
de los errores tangenciales,
sabe que somos polvo, ·
que equivocamos,
esta vida tiene un gen pernicioso
transmitido desde la desobediencia.

En la desobediencia halló muerte
y por el Adón es redimido,
lo levantó del abismo profundo
era invisible allí,
todo era oscuro y siniestro,
no era cierta, la certeza de su bondad
se creía sin fallas.

Qué queremos ser

En los peldaños de ese patrimonio
esforzamos los pasos muchas veces,
poniendo firmeza en las piernas
para ser como ellos,
y no podemos ser así, no podemos,
sino que seremos lo que se deje ser.

En las fuerzas del día me encontraba,
muchas veces me hallaba allí,
cavilando en palabra sustanciosa
para buscar respuesta,
y siempre estuvo allí en el cielo.

Qué queremos ser,
no lo sé,
en el tiempo de la prueba
qué queremos ser,
no lo sé.

Cada día es un combate
contra vastos espíritus,
sombras gigantes
y opulentos adivinadores;
estamos aquí y hemos levantado bastión
conteniendo voraces ataques,
estallan furiosas explosiones
aquí y allá, suele atacar el dragón,
astuto como sierpe,
poderoso en aterrar.

Pero también hemos fallado,
no advertimos la inteligencia opuesta,
creímos en el ídolo humano
y hemos perecido indignos,
solicitando ser de nuevo.

Esa vida que proyecta
no es la secuencia de un tal vez,
sino la defunción de lo que quiso,
buscó y no fue,
sino que la voluntad del cielo aparcó.

Mientras apreciaba cosas comunes
vi un punto en la historia,
eso que no es hoy
ni quizá sea mañana,
sino que la voluntad viene de arriba.

¿Qué buscamos en la tierra,
pasar o quedar
fuego o paraíso?
De nuestros frutos,
de eso comeremos también.

Como una especie de fruto en el bosque
es la tentación que seduce enamorando,
el corazón aísla el cariño a un solo lado,
miras flores, frutos, circunstancias y nada;
es como morir a todo menos a eso,
algo envuelve con su bien y su mal
y pasa a tener simiente y vergüenza,
la desobediencia está desnuda
bajo el ojo de Dios.

Cuando pasa la adolescencia,
en la edad comenta lo que pasó,
momentos sublimes transcurridos
de lo que no volverá,
se quedó en cálidas sonrisas.

De pronto, nos fijamos en la vida
y también en la muerte,
tan pronto como viví, morí,
¿qué es la vida y qué es la muerte
sino lo que se va y pasa?
De acá a un tiempo olvidarás
aquello que nos dimos,
Dios nunca olvida lo justo.

Pero si duermes tranquilo luego de la obra
que buscas en el daño de aquellos,
ansias muertas de tus entrañas,
furtiva venganza en el raro salón,
donde invitaste a conversar durezas.

Ese cajón de muertos no dice
quién busca el bien y quién el mal,
y vimos muertos en todas partes,
en todos lados hay detenciones
detenciones del poder.

Y ahora que quieres irte para ver
quién dispara saetas
y quién las clava en las espaldas
de los que hacen el bien,
y tú mirabas ello
sin decir nada.

Elevación del alma

Miren cómo esas flores elevan sus faces,
al cielo muestran su esplendor,
unos peces el oxígeno besan
y danza en ramas el amor,
como todo lo que alaba al Eterno,
así alabas tú.

Nunca habrá respuesta perfecta
en los hombres,
poco de ejemplar hay en ellos,
no hay respuesta en la vida,
es solo creada,
y como se agita el tiempo,
también se acorta.

Los problemas gimen por ayudas,
como penas se muestran en el cielo,
nada ejemplar hay en la vida,
se suman todos,
me sumo yo.

Es locura el pesar de la tierra,
es de amados el pesar con abrazos,
cómo es que amas sin amar,
si la vida se enciende,
pero no parece arder de amor.

A veces voy rápido,
otras, furibundo,
el reloj está roto,
lo ha pateado sin querer
una dama sabia y risueña en su seguir.

Escuchas el remedo de un necio,
se ha puesto a obrar su cobardía,
le han pagado a su alma muerta
y por unos centavos hace el daño
matando su propia vida,
«peor es nada», recita en su dolor.

Melancolía en esa pequeña
que no tiene a dónde ir,
luego de tenerlo todo,
no tiene a dónde recurrir,
luego de poseerlo todo,
no sabe ni cómo usarlo.

Los ruidos son salvajes
como gruñidos secos, seguidos
todo el tiempo, marcabas,
temor insuflabas al resto,
se halló saña en tus misiones.

Estamos en una especie de verano
y el cuerpo quema lleno de emociones,
esos perros quieren devorar la carne
y ven la presa en insanias,
planean el día y la hora
donde probarán la desdicha de una piel.

No hay coronación en el mal hacer,
nosotros lo coronamos con acciones,
acciones subrepticias,
dentro de lo que llamas justo,
juzgas el día y juzgas la noche,
sin dar soluciones.

Un submundo alterno emerge,
flama diabólica es, no permite ver el cielo,
da sueño
y ansiosos vamos por la senda,
ríe y no es amigo,
se burla y olvida volver atrás,
tira la piedra y aprende a matar.

No, no he comido bien
teniendo tristeza por ti,
al ver que la vida se desnuda
para servirse en bandeja,
entonces cómo clamamos,
no, no he llorado bien
por los males pintados de color,
me he cubierto entre las hojas
para cubrirme de tu presencia.

Y como parece que quedan ellos,
esos que parecen siempre estar bien,
entre carruajes llenos de episodios,
episodios nuevos,
podremos vivir entre ellos
si ellos hablan así,
en curvas del hábito.

Ahora seré claro y sin figuras:
levanta tu alma,
tu corazón y tu rostro
como paloma noble mirando la gracia,
luego de acurrucar a sus polluelos
en su amor,
y haz honor a tu nombre.

De esos gigantes

Con sus evocaciones observaron
emociones dulces danzando en prados,
los prados de junto al río
tiempo a tiempo pasaban
dentro del permiso de su dueño.

Invenciones circulaban
arriba y abajo, esas cosas resonantes,
nada es nuevo bajo el sol,
nada artificial es nuevo,
nada de lo que veremos.

Todo era hermoso y una inquietud
sigilosa como sabio al reconocer,
detallista y sin ganas
en tiempo de inicio,
eran hermanos en el cielo
poderosos en batalla.

Sus alas fueron perdiendo brillo,
sus hazañas oscurecidas
y sus cánticos eternos
cortadas a evocaciones nimias,
exuberantes eran ellas, como algo vívido,
no era gloria
y no era maná del cielo.

Sus tránsitos perdían rectitud,
buscaban espacios excusándose
aquí y allá,
artificiosos, como creando fugas,
las alabanzas en sus voces acabadas,
y de ellos varios evocadores
apreciando a la musa humana.

Las hijas de los hombres,
con sus perfumes de fragancias únicas,
agradables sus sonrisas
sus jugueteos y sus curiosidades,
se sentían vistas
y encantaban un poquito más.

Ellos abrazaron la religión indigna,
los hijos con alas, sin alas,
se acercaron con presentes,
su poder y su fuerza
ante ellas y sus estrellas,
y las conocieron.

La simiente indigna crecía veloz
con ganas de ver lo que serían,
vieron y devoraron todo,
más de lo que destruían,
y ambición buscaron
en esa soberbia que enervaba su ser,
gigantes.

Recordad, fieles del poder
de piernas de cedro con fruto encinado
en voz de brutal fragor,
a la bajada de Bet-Horón
cómo caían vuestros rabiosos hermanos,
vuestros compatriotas corruptibles
por enormes rocas en sus testas,
pisando fuerte iban, golpeando montañas
y sepultados quedaron creando montes.

Teoría de la duda

En el arpegio del día
evitaba saber,
saber más, hace doler más;
en el arpegio de la noche, evitaba pensar,
porque pensar me pone a crear poesía.

Dudas de mis poemas,
haces bien, nada se traga de por sí,
aun fuere medicina,
porque me encantaron aquellos retoños
de primaveras y dulzuras
en la ciencia de esos comienzos
que nos cantan como ilusiones.

De las certezas de la sonrisa y el cariño
he sido muy sensible;
humano soy, y huye a veces el dominio,
que fuera de mí y de esa ley de muerte,
si no manejara a este animal quien lo creó,
habría pues rejas para aves del tiempo,
que anclaron seres no por malos,
sino por tontos.

Pregunta, no imperes
dudas de las teorías, haces bien,
todo se debe probar,
que parece muy sublime, puede ser
hasta que se prueba
y nada es totalmente hermoso,
solo tus ojos al contemplar el cielo.

Las variaciones de esa dulzura
responden a todos, todos no son yo,
las variaciones de los colores,
todos no hacen cosas buenas, siempre
intensa es la muerte también, y vibra.

Dudas de la melancolía, haces bien,
esos hombres saben llegar,
cantan con lágrimas de oro
pidiendo carne para dejarla tirada
y otros perros coman de esa caza,
dolor aciago, fúnebre.

Selva agresiva comienza a crearse
arriba y abajo, comiendo ese mal,
no eres perfecta, cavilas en ello,
cada mancha en la vida
la has difuminado tú.

Todo el mundo no es todo el mundo,
nadie es lo que hace otro,
tu madre nunca serás tú
ni tú padre serás tú,
sé que me entiendes, pero te haces.

Como que te ha dolido y no quieres saber,
porque un padre tenía un amor
en la hermosura de su todo
e hizo hermosa mansión para sus amados
y muchas cosas en esta,
cada detalle armonioso vivía allí.

Del ejército de los cielos
se nombró una luz,
de composiciones eternas era,
incontables cosas hizo en sus días,
se enamoró de sí mismo y cayó,
se arrastró como sierpe envilecida.

Dudo al pensar solo bien de ti,
porque fallaría también,
pretendemos en el tiempo
llegar a ser y dejar ser;
porque fallamos, como todos.

En el capricho del engaño
no está la dicha de la gracia,
la gracia no premia lo incierto,
haré lo que sé hacer emocionado,
no mediré los versos,
arrebataré a la inercia.

No es intenso hacer el daño
ni la velocidad es de la locura,
como si fuera veloz lo loco,
sino que es torpe y caen muchas veces;
sino que no es águila veloz.

El sol es el sol, pasando,
la luna es la luna,
las penas son aquellas
que, sin ser sol o luna,
se muestran o se oscurecen.

No hay dudas en lo cierto,
no hay perfección en el hombre,
el que se sienta en ese trono así
es más imperfecto,
no hay dudas en lo incierto.

Índice

El lamento del pródigo 9

Bridas 13

Esas músicas escuchadas 16

Alimento Pésaj... 19

Paciendo cerdos... 24

Bajo el hielo de las cosas.................................... 26

Selah 28

Tantos suspiros atraviesan los tiempos 32

Otium Amicitiae 35

También vi 38

El día del banco de un parque 42

Labor extraña 46

No pedí ser.. 48

Deconstrucción 51

Tierra de debates 53

En ese tiempo voraz.. 57

Nuestros progenitores... 60

Orando más allá 65

De los días sin honor 68

Extraño era.. 71

Elevación Sinar.. 74

La emoción del ruiseñor 77

Alfar 81

Carta al trono del hombre 84

Templo telúrico 86

Al poeta David 90

Mira esa ruina al horizonte 94

Qué queremos ser... 97
Elevación del alma.. 100
De esos gigantes 104
Teoría de la duda... 107